AF460635

LE CHEVALIER

G. des GODINS de SOUHESMES

PANTHÉON

DE

La Revue Exotique Illustrée

Monsieur le Chevalier

Gaston des GODINS de SOUHESMES

Maître perpétuel de l'Association Universelle,
Collaborateur de la *Revue Exotique*,
Chevalier de l'Ordre de Saint Sylvestre
Officier de l'Ordre du Nicham Iftikhar

PANTHÉON

DE

LA REVUE EXOTIQUE ILLUSTRÉE

M. LE CHEVALIER

G. des GODINS de SOUHESMES

(*BIOGRAPHIE*)

PAR

M. EDGAR LA SELVE

DÉLÉGUÉ DE L'*Association Universelle*

PARIS

BUREAUX DE *LA REVUE EXOTIQUE*, 100, RUE TRUFFAUT

1889

AVANT-PROPOS

AIMEZ-VOUS LES UNS LES AUTRES, CAR VOUS ÊTES FRÈRES.

(Le Christ).

Les notices consacrées à raconter les actes méritoires des hommes tombent immédiatement dans le domaine public. Le monde apprécie et juge... Une biographie doit donc justifier les mérites du sujet et non pas être dictée par une vanité puérile. Or, la Revue Exotique *concourt utilement à l'intérêt général, en faisant comparaître devant le tribunal impartial de l'opinion publique toutes les personnalités qui ont donné, dans la bonne voie, quelque éclat à leur nom.*

Une mesure à généraliser et dont nous réclamons l'adoption par toutes les communes de France, c'est l'établissement dans toutes les mairies d'un registre — LIVRE D'OR *— où seraient consignées avec soin les belles actions : actes de patriotisme, de dévouement, de piété filiale ; fondation de Sociétés, d'œuvres utiles, etc.*

Ces souvenirs, conservés aux archives municipales, où chacun pourrait les consulter à loisir, seraient l'exemple permanent du Bien proposé à tout le monde, et constitueraient des titres de noblesse pour les familles — titres qui vaudraient bien ceux légués par les ancêtres à des descendants qui ne savent pas toujours s'en montrer dignes...

Il y a d'honnêtes citoyens, au cœur droit et généreux,

qui se dévouent aux intérêts de tous, qui comptent pour rien leurs efforts, le sacrifice de leur temps et de leur argent, quand il s'agit d'améliorer le sort de leurs semblables, de répandre l'instruction à pleine volée, d'inspirer le goût des arts, de la science, des lettres.

Ces demi-dieux sont l'honneur de l'Humanité et la gloire de leur Patrie. La reconnaissance publique doit conserver avec un soin pieux leur nom et leur souvenir, arrachés à l'oubli. Jamais on ne témoignera trop de sympathie et de respect à ces apôtres du devoir, du sacrifice et de l'amour d'autrui. Jamais on n'aura de récompense trop élevée pour leur dévouement et leur abnégation.

A plus d'un titre, M. le chevalier des Godins de Souhesmes fait partie de ceux qui ont le plus de droits à figurer dans le Panthéon élevé par l'Association Universelle *aux gens d'honneur, de cœur, de talent et de mérite.*

Sur la brèche depuis près de trente ans, le maître-perpétuel de l'Académie des Palmiers est un vétéran glorieux.

Les Sociétés d'Encouragement au Bien, d'Instruction, de Beaux-Arts et de Littérature le comptent parmi les membres de la première heure et leurs lauréats les plus souvent proclamés.

Une chose étonne et nous confond. C'est que l'on ait méconnu jusqu'à présent les services incontestables qu'il n'a pas cessé de prodiguer, s'oubliant toujours lui-même pour s'adonner entièrement à la patriotique mission qu'il s'est imposée de son propre mouvement, — la propagation de l'influence française en Orient, — à laquelle, quoiqu'il arrive, il restera, nous en avons la certitude, imperturbablement fidèle.

« En ce qui concerne ma biographie et la gravure de mon portrait, répondait à nos ouvertures notre éminent maître-perpétuel, je vous avouerai mes hésitations. Je suis un si petit personnage et j'ai toujours vécu, agi et travaillé si loin du racas, que j'ai peur de cette immense publicité, encore bien que la *Revue Exotique* la couvre du plus honnête et du plus respectable pavillon.

« Cependant, si vous pensez que cette publication puisse être utile ou intéressante, je vous donne carte blanche. »

Et comme, me prévalant d'une si aimable condescendance, j'insistais, mon correspondant, mis au pied du mur, reprenait :

« Aujourd'hui, dimanche, par une bise glaciale, roulant de gros nuages gonflés de neige, je me suis amusé à fureter pour vous dans mes paperasses, et j'y ai trouvé quelques documents qui pourront vous servir pour votre travail biographique.

« Il y a si longtemps que la plupart de ces pièces étaient enfouies dans mes cartons, que j'en avais complètement perdu le souvenir, tant il est vrai que tout lasse, tout passe, tout casse.

« Je vous les envoie, jetées sur le papier au hasard et dans un désordre qui n'est certes point un effet de l'art ; mais je les ai notées au fur et à mesure qu'elles me passaient sous les yeux.

« Vous y trouverez peut-être à glaner. »

Aussitôt, saisissant ma plume, j'ai compulsé le précieux dossier.

Paris, août 1889.

E. L. S.

M. le Chevalier

Gaston des GODINS de SOUHESMES

BIOGRAPHIE

Le chevalier Gaston des Godins de Souhesmes, naquit à Vouziers (Ardennes), le 11 mai 1841.

Apparemment, on ne contestera pas l'authenticité de sa généalogie.

Dès le XVe siècle, il est fait mention de la maison lorraine d'où il sort. Cette famille porte pour armes : *Gironné d'or et d'argent à une croix patée de sable brochant sur le tout ;* — avec la devise : « *Sub cruce non in crucem* ».

Elle possédait les fiefs de Souhesmes, de Suzémont, et la Tour de Fresnes, tous situés aux environs de Verdun (Meuse).

Sa noblesse avait été vérifiée, le 1er juillet 1581, par Didier Richier, dit Clermont, poursuivant d'armes du duc de Lorraine.

D'où venait son nom ? Quelle en est l'éthymologie ? De quelle manière l'écrivait-on ?

Ces divers points sont clairement indiqués, dans une

note explicite, par le grand-père du chevalier, Nicolas-Hyacinthe des Godins, ancien maire de Verdun :

« Dans les anciens temps, les personnes qui appartenaient à une famille ayant un nom patronymique mettaient, après leur nom de baptême, la particule *des* devant le nom propre à toute la famille.

« La particule *de* se plaçait devant le nom d'un fief.

« Le nom *Godin* se donne vulgairement, en ce pays (le Verdunois), à un jeune taureau. Il n'y a pas apparence que ce soit là l'éthymologie du nom de notre famille. — Ce nom était connu, dès les première et seconde races, en France et particulièrement en Austrasie.

« *Goduinus* (*Godin*), fils de Warnacaire et maire du Palais de Bourgogne, se retira dans l'église d'un monastère pour éviter la colère de Clotaire II, roi de France (1). « *Godui-*
« *nus qui eo tempore manebat apud villam quamdam Mosam*
« *nomine, ob amnem in eo loco defluentem, sic appellatam.....*» (2)

Ce *Godin* avait plusieurs terres en Lorraine et dans le Barrois. Saint Bodon, son fils, que l'on dit avoir été évêque de Toul, et Sainte Salaberge, sa fille, fondèrent des monastères et donnèrent à l'église de Toul le grand et le petit Nançois. — Bodon était né « *in pago Adornensi* », c'est-à-dire dans le pays d'Ornois, où sont situées ces deux terres, près de Ligny. (3)

Le château de Gondrecourt fut construit par ce *Godin*, et le prieuré de Richecourt, qui en était voisin, par sa fille Sainte Salaberge (4).

Il est assez vraisemblable que ce même *Godin* avait donné son nom à Godinécourt (*Goduinicurtis*), hameau qui, en 812, fit place à l'abbaye Saint-Michel, laquelle, réunie au village de Marsoupe, donna son nom à la ville de Saint-Mihiel, composée de deux parties : le Bourg (Marsoupe) et ses Halles.

Un des ancêtres du chevalier, Jean des Godins, épousa,

(1) *Dictionnaire de Moreri*, article « Mérovée », an 577, page 260, colonne 2 ; Edition de Basle, de 1732.

(2) *Histoire de Lorraine*, par Dom Calmet, page 296.

(3) *Ibidem*, page 421.

(4) *Histoire Ecclésiastique* de MM. Clouet, article « Sainte Salaberge », page 641.

le 28 février 1696, Barbe Mangeon de la Barre, sœur de Catherine Mangeon de la Barre, mariée, le 24 mars 1679, à Louis marquis de Choiseul-Beaupré, lequel descendait de Raynard III sire de Choiseul, marié, vers 1225, à Alix de Dreux, petite-fille de Robert comte de Dreux, quatrième fils de Louis-le-Gros (VIe du nom) et de Alix de Savoie.

D'autre part, son aïeule paternelle était fille de Anne-Charlotte de Hagen, descendante d'une illustre famille, connue dès l'an 969, et mentionnée dans l'*Histoire des Tournois*. Humbracht l'a citée aussi dans sa *34e Table des Généalogies des Familles du Corps de Noblesse immédiate d'Empire*. Un membre de cette famille, Henri baron de Hagen, avait épousé Marguerite de Chambley, nièce d'une autre Marguerite de Chambley, mariée, en 1454, à Louis de Beauvau, dont est née Isabelle de Beauvau, épouse de Jean de Bourbon, comte de Vendôme, trisaïeul de Henri IV.

Un autre de Hagen, Jean-Louis, petit-fils de Henri de Hagen, fut Archevêque et Prince-Electeur de Trèves en 1540.

Enfin, le général Chevert, de qui le chevalier lui-même a donné la biographie en 1861, est apparenté aux Souhesmes par deux branches de la famille.

Le père de notre collaborateur, entré dans la magistrature en 1828, fut mis à la retraite par limite d'âge, le 1er juin 1875, et élevé à l'honorariat. Il avait été fait chevalier de la Légion d'honneur, le 29 décembre 1855, comptant 27 ans de services, dont 17 comme chef de Parquet, et nommé conseiller à la Cour de Metz, le 15 novembre 1856, puis transféré à Nancy, après le traité de paix de 1871, qui sépara Metz de la France.

Il avait épousé, en 1840, Mlle Golzart, appartenant à l'une des plus honorables familles de la Champagne.

Gaston, leur fils, conquit ses grades universitaires à la Faculté des Lettres de Nancy et à l'Ecole de Droit de Strasbourg.

Il atteignait à peine sa vingtième année, lorsqu'il écrivit ce que j'appellerai son premier essai littéraire.

En 1860, lors de la souscription ouverte en faveur de Lamartine, le jeune des Godins mit en musique une poésie de l'illustre auteur des *Méditations*, qui, à ce sujet, lui écrivit :

« Monsieur,

« Je vous remercie d'avoir trouvé mes faibles vers dignes d'une mélodie de votre main. Le mot de souscription et le nom de Lamartine porteront malheur à votre musique. La France n'a pas d'oreilles au cœur, mais vous et moi nous en avons ; vous me consolez et je vous remercie.

« LAMARTINE. »

« Paris, 3 Mars 1860. »

Et, peu de temps après :

6 Décembre 1860, à Mâcon
(Saône et-Loire)

« Monsieur,

« Excusez un homme qui vient de passer six semaines au chevet des plus chers malades et au cercueil de morts regrettés. Excusez de plus un homme qui vient de signer aujourd'hui la vente forcée de la demeure paternelle, son berceau, et dont il espérait faire son tombeau. La France est rebelle même au travail le plus obstiné. Voilà mon excuse.

« Cela dit, je vous autorise formellement à illustrer toutes celles de mes œuvres, sans exception, qui pourront fournir un texte à votre génie musical.

« Agréez non pas seulement mon autorisation, mais ma vive reconnaissance.

« A. DE LAMARTINE. »

Au mois de mai 1865, le jeune homme, qui avait ainsi révélé ses aptitudes littéraires et son talent musical, entrait dans l'administration des finances, à laquelle ont également appartenu divers auteurs aimés du public, tels que Ludovic Halévy, Gondinet, Armand Silvestre.

Le stagiaire débuta à la Trésorerie d'Afrique, division d'Alger.

En 1868, rappelé à l'Administration Centrale, il collabora, dès lors, à plusieurs journaux de Paris, où ses articles étaient fort appréciés.

En 1875, le jeune attaché fut nommé officier de l'Ordre du Nicham Iftikhar. L'envoi du brevet et des insignes était accompagné de la lettre suivante :

MISSION
ET
CONSULAT GÉNÉRAL de FRANCE
A TUNIS

Tunis, le 3 août 1875.

« Monsieur,

« J'ai la satisfaction de vous adresser les insignes et le diplôme d'officier du Nicham, que mon chef a bien voulu demander pour vous au gouvernement tunisien.

» En vous transmettant la distinction qui vient de vous être accordée, et qui était réellement due à l'auteur d'un ouvrage très apprécié par tous ceux qui connaissent ce pays, permettez-moi, monsieur, de vous offrir mes félicitations et de vous assurer, en même temps, de mes sentiments très distingués.

« E. Cassas. »
« Elève-Consul. »

Durant ces années, M. des Godins de Souhesmes composa un volume intitulé : *Mémoire et Lettres sur quelques réformes à introduire dans le système écono-*

mique et financier de la France, travail très substantiel, dans lequel l'auteur demandait, entre autres innovations, la création de « Caisses d'Assurances départementales contre l'Incendie, fonctionnant en concurrence avec les Compagnies anonymes ».

Soumis au Sénat, pendant la session extraordinaire de 1876, ce travail fut l'objet d'un rapport élogieux, présenté à la Chambre haute par M. Hervé de Saisy, rapporteur de la 2e Commission des Pétitions, et inséré au *Journal Officiel* du 20 juin 1877, page 4,529.

Voici en quels termes s'exprima l'honorable rapporteur :

« Pétition n° 261. — M. des Godins de Souhesmes, 5, rue de l'Université, Paris, expose un projet d'assurances départementales contre l'incendie, fonctionnant en concurrence avec les Compagnies anonymes, et qui produirait pour les départements, un bénéfice annuel de 25 millions, allégeant d'autant les charges qui pèsent sur les contribuables.

« *Motifs de la Commission.* — Cette pétition, qui fut déposée une première fois à l'Assemblée nationale par l'honorable général Chanzy, et ne put être soumise à ses délibérations parce qu'elle n'était pas légalisée, mérite un accueil favorable.

« Elle est le résultat d'un travail patient, d'une expérience profonde et des études les plus attentives.

« Substituer des institutions départementales d'assurances contre l'incendie au monopole des Compagnies anonymes, en accomplissant ce progrès par la libre concurrence et par la supériorité des avantages offerts au public, tel serait l'objectif final que se proposerait d'atteindre le pétitionnaire. Le chiffre de 25 millions dont pourraient être allégées, suivant lui, les charges publiques, par application de son système, n'a rien qui puisse paraître exagéré en présence des profits énormes réalisés par les Compagnies d'assurances.

« De là, également, une possibilité manifeste de diminuer le taux des primes que payent les assurés et de leur constituer ainsi une sécurité aussi grande, bien qu'à moindres frais. Du reste, cette institution a déjà fait ses preuves, sous le nom de Caisse de la Meuse contre l'incendie, dans le département de ce nom : elle y a complètement réussi et produit des avantages considérables pour les populations qui l'habitent.

« Pourquoi les autres départements de la France ne seraient-ils pas mis à même d'utiliser cet exemple, et, s'ils en constataient le mérite, de s'en procurer le bienfait en créant dans leur sein le même organisme préservateur contre un péril toujours menaçant ?

« Telle est la question que se pose naturellement l'auteur de la pétition.

« Votre commission, pensant que son étude pourrait fournir une solution susceptible de rendre d'importants services à l'intérêt général, vous propose d'en voter le dépôt au bureau des renseignements. »

Conformément à ces conclusions, le Sénat prononça le renvoi à son bureau des renseignements de la pétition de M. des Godins de Souhesmes.

Depuis lors, nombre de départements se sont dotés de Caisses d'assurances contre l'incendie, d'après le plan indiqué plus haut, et ces institutions prospèrent, à la grande satisfaction et pour le plus grand profit de tous.

La même année, S. Em. le cardinal Langénieux, appréciant le caractère et les travaux de M. des Godins de Souhesmes, le recommandait au Saint-Père pour une distinction honorifique. Il formulait comme suit ses conclusions :

ARCHEVÊCHÉ DE REIMS

BENEDICTUS MARIA LANGÉNIEUX,
ARCHIEPISCOPUS REMENSIS,

Libentissime testamus Domnum Nicolaum-Gastonem (1) des Godins de Souhesmes, fide et opere commendabilem, bene de Religione mereri. Ipse enim pluribus Litterarum, Scientiarum

(1) L'acte de naissance porte le seul prénom de « Gaston », tandis que l'acte de baptême dit « Nicolas-Gaston ».

et Artium Societatibus adscriptus, multa luculenter justa doctrinæ christianæ principia scripsit, et ad veritatem exponendam, variisque argumentis fulciendam, necnon ad objecta solvenda, falsaque refellenda operam indefessam dedit ; sicque bonum certamen usque adhuc certavit ; quin objurgationes iniquorum subire. pœnasque laborum sustinere veritus sit.

Quâpropter has litteras commendatitias Domno Nicolao-Gastone des Godins de Souhesmes concedimus, atque Sanctitatem Suam humillime rogamus ut quemdam titulum honorificum illi benigne impertire dignetur.

Datum Remis, die 30à Novembris 1876.

† BENEDICTUS MARIA,
Arch. Remensis.

(L. S.)

Or, l'économiste qui s'était révélé par le magnifique projet que l'on connaît, avait la nostalgie de « la terre au sol d'airain qu'un ciel brûlant calcine », comme Victor Hugo dit de l'Afrique, laquelle exerce, en effet, une irrésistible séduction sur les Européens qui l'ont visitée.

En 1878, notre confrère quitta l'administration des finances. Il partit pour prendre à Alger la rédaction en chef du *Nouvelliste de l'Algérie*, alors le seul organe conservateur de la colonie.

Six ans plus tard, en 1884, M. des Godins de Souhesmes se rendit en Turquie pour y compléter ses observations sur les hommes et les choses de l'Orient, observations commencées, dans le Maghreb algérien, pendant son séjour antérieur.

Depuis cette dernière date, inscrit au tableau des notables de la colonie française, il réside à Constantinople,

« quoique la nostalgie m'étreigne souvent d'une façon bien cruelle, m'écrit-il. Cinq ans d'absence, surtout en Turquie, c'est long, douloureusement long ! ! !... »

Et il continue :

« Atroce pays que celui des Osmanlis... La France et les Français y sont trop dédaignés, pour que mon cœur de patriote n'en soit pas meurtri. Le plus désolant, c'est que les Français du Levant semblent prendre à tâche de combattre tout ce qui pourrait contribuer au relèvement de notre prestige dans ces contrées. Ils ne professent que l'abstention et l'indifférence pour tout ce qui revêt un caractère national ou patriotique, pour tout ce qui n'est pas l'œuvre d'une infime coterie menée par une demi-douzaine de fortes têtes, et hors de laquelle, paraît-il, nul ne doit agir.

« L'année dernière, j'ai essayé de fonder une *Revue Française*, bi-mensuelle et au plus bas prix possible.

« Mon but était d'aider à la propagation de notre langue, de faire connaître et aimer le génie littéraire de la France, et d'enrayer les très inquiétants progrès de la propagande autrichienne, allemande et italienne.

« Je n'ai trouvé aucun appui, pas même auprès de l'ambassade et du consulat : ma *Revue* n'eut que dix numéros et **cinquante-quatre** abonnés. Et encore, sur ces 54 abonnés, 18 habitaient la France ; je n'avais que 19 (dix-neuf) Français du Levant ; le reste était fourni par des Turcs, des Grecs et des Arméniens. J'ai engouffré là-dedans tout près de 3,000 francs. Voilà ma récompense. »

Ce déplorable résultat n'empêche pas M. des Godins de Souhesmes d'être fidèle aux lettres françaises et de représenter vaillamment l'*Association Universelle*. Les abonnés de la *Revue Exotique* savent qu'il envoie, de temps à autre, des morceaux de gourmets.

On a fort goûté, dans le numéro du 1er mars dernier, les *Visites du nouvel an en Orient*, étude prise sur le vif, peu aimable peut-être pour les gens qu'elle vise ; mais l'observateur peut-il empêcher que ce qui est ne soit, et, en ce cas, comme en tous les autres, notre collaborateur s'en tient absolument à la vieille maxime : *Amicus Plato, sed magis amica veritas.* — Tant pis pour les mécontents !

On trouve une vigoureuse application de ce principe

dans *Chez les Orientaux*. Cette brochure a fait un certain bruit à Constantinople et elle aurait été certainement saisie par l'autorité turque, si on l'avait mise dans le commerce.

On se souvient encore de l'échange de boutades provoqué par l'auteur, dans le *Stamboul*, sur la question de francisation des noms levantins.

La *Revue Exotique* du 14 avril a reproduit cet article. Le signataire remarquait qu'il avait dû employer la forme humoristique pour « faire manger le poisson » à ses lecteurs levantins. C'est, paraît-il, le seul moyen d'aborder, à Constantinople, les choses un peu sérieuses et de faire accepter la critique tant bien que mal, mais plutôt mal que bien : ce qu'on voit, surabondamment, au ton aigre-doux des répliques des contradicteurs.

Quoique bien loin de la mère-patrie, notre cher exilé reste en communion constante d'idées avec nous et en relations suivies avec les plus hautes Sociétés scientifiques, littéraires, artistiques, humanitaires, qui sont heureuses de récompenser ses travaux.

Ainsi, en 1886, il obtint pour le sujet : *Quel art doit-on préférer ?* une mention, la 4e sur 12, au concours de la *Revue littéraire de Touraine* (217 concurrents).

Le 18 mai, même année, M. des Godins de Souhesmes fut fait chevalier de l'Ordre pontifical de Saint-Sylvestre.

Sa candidature, posée depuis dix ans, on l'a vu plus haut, par S. Em. le Cardinal Langénieux, avait été appuyée, en dernier lieu, par S. Exc. Mgr Rotelli, alors vicaire patriarcal et délégué du Saint-Siège à Constantinople, aujourd'hui nonce apostolique à Paris. Voici en quels termes s'exprima le vénéré prélat :

VICARIATO APOSTOLICO DI COSTANTINOPOLI

Io sottoscritto certifico che il Signor Nicola-Gastone des Godins de Souhesmes, cittadino francese, dimorante attualmente in Costantinopoli, è un egregio cattolico, degno di porticolare considerazione per l'integrità della sua condotta esemplare, e per la valentia della sua penna, con la quale ha qui sempre sostenuto i principii religiosi e sociali : quindi è che ben volentieri mi pregio di confermare, per ciò che mi riguarda, la commendatizia già rilasciatagli da S. E. R. Monsignor Langénieux, streivescovo di Reims, in data del 30 nov : 1876, il quale attese le distinte doti artistiche, litterarie e scientifiche del Signor des Godins de Souhesmes, lo raccomandava sin d'allora alla Pontificia munificenza per un titolo cavalleresco.

In fede di che ecc.

Costantinopoli, questo di 20 Marzo 1886.

† L. STREIV : DI FAVRAGLIA,
(L. S.) Vic : Ap/lico di C/poli.

Depuis lors, notre collaborateur a été décoré par S. S. le Pape Léon XIII de la Croix d'argent *Pro Ecclesia et Pontifice*, instituée par Bref du 17 juillet 1888, en faveur des personnes qui ont concouru d'une façon particulièrement brillante aux fêtes jubilaires et à l'Exposition du Vatican.

Passons aux succès littéraires :

Le 27 mai 1888, la Société Nationale d'Encouragement au Bien décerna à M. des Godins de Souhesmes une Médaille d'Honneur « pour l'ensemble de ses publications patriotiques, etc. » (1)

Le 1er juillet 1888, la Société Libre pour le développement de l'Instruction et de l'Education populaires, lui

(1) Bulletin Officiel dela Société Nationale d'Encouragement au Bien, pages 1 et 3.

conféra une autre Médaille d'Honneur, avec la mention suivante :

« Pour ses études sur la Tunisie, sur le Duel, le Mariage, le Divorce, et sur les Coutumes des temps anciens.

« M. de Souhesmes a publié également des Esquisses morales et biographiques très appréciées.

» Artiste distingué, il est l'auteur d'un grand nombre de compositions musicales. » (1)

Au grand Concours annuel de 1888 de la *Revue de la Littérature Moderne*, il obtint :

1° Une Mention honorable (la seule accordée dans la section des Etudes historiques) pour *Courtes Notes sur les Targui ou Touaregs.* — Concours de Prose, comprenant six sections pour divers genres de travaux, et auquel prirent part 183 concurrents.

2° Une mention simple (la 4e sur 7 accordées à la section des Odes) pour *Hymne à la France.* — Concours de Poésie, comprenant douze sections pour divers genres de travaux, et auquel prirent part 246 concurrents.

Cet *Hymne à la France* est le second essai de poésie du littérateur, et le premier que le poète ait présenté à un concours.

M. des Godins de Souhesmes est un travailleur infatigable.

Outre d'innombrables articles pour Journaux et Revues, notre collaborateur a publié en librairie les ouvrages suivants, dont les éditions sont aujourd'hui complètement épuisées :

(1) Bulletin Officiel de la Société libre d'Instruction et d'Education populaires, p. 9.

Esquisse morale sur un des plus grands fléaux de la société (Metz, Lorette, 1861) ;

Notice historique et biographique sur le général Chevert (Metz, Lorette, 1861) ;

Le Blocus de Metz en 1870 (Verdun, Ch. Laurent, et Paris, Dentu, 1872) ;

Esquisse sur les Fables de La Fontaine (Verdun, Ch. Laurent, et Paris, Dentu, 1872) ;

Mémoire et Lettres sur quelques réformes à introduire dans le système économique et financier de la France (Verdun, Ch. Laurent, et Paris, Dentu, 1872) ;

Tunis, Histoire, Mœurs, Gouvernement, Administration (Paris, Gustave Guérin, 1875).

Pour les Sociétés savantes dont il est membre, le Chevalier Gaston des Godins de Souhesmes a donné :

Conférence sur les *Origines de l'Opéra en France* (« Mémoires » de la Société Philomathique de Verdun, 1877) ;

Du Duel (publié par la « Revue Algérienne », organe de la Société des Beaux-Arts, Sciences et Lettres d'Alger, 1877) ;

Quel art doit-on préférer ? (Pièce citée au Concours de la « Revue Littéraire et Artistique de Touraine», 1886) ;

Le Catholicos d'Etchmiadzin (Etude publiée par les « Matinées Espagnoles », Revue Internationale Européenne, 1884-85) ;

Chez les Orientaux (« Annales » de la Société d'Emulation des Vosges, 1888) ;

Un Chaouch Algérien (Pièce couronnée par l'Académie Lamartine, 1888 ;

Eloge de Lamartine (Idem) ;

Morts d'amour, Nouvelle (Idem) ;

Les Chiens de Constantinople, *les Etudiants allemands* et autres pièces présentées au concours de l'Académie Littéraire et Musicale de France, qui leur décerna une Médaille d'Or. De plus, l'auteur fut proclamé *hors concours* par le jury.

Le Chevalier des Godins de Souhesmes, qui vient d'être élu membre-correspondant du Conseil Héraldique de France, possède encore à l'état de manuscrits, en préparation ou attendant l'heure de la publication, *dix-huit* études sur divers sujets.

Il est, en outre, auteur de *quarante* compositions musicales pour piano, chant et piano, soli, duos, chœurs, violon et piano, violoncelle, orgue, quatuor d'instruments à cordes, musique militaire, grand orchestre.

Plusieurs de ces œuvres ont été couronnées par l'Académie Lamartine et par l'Académie Littéraire et Musicale de France : la plupart sont inédites.

*
* *

Dernièrement, on lisait dans les journaux qu'à l'occasion de la fête du 5 mai, il serait fait un grand nombre d'Officiers d'Académie.

La liste a paru au *Journal Officiel*, et, à mon grand désappointement, je n'y ai pas trouvé le nom de notre collaborateur.

Il a pourtant, ce me semble, tous les titres imaginables à cette distinction honorifique.

Son vieil ami, M. Alfred Mézières, de l'Académie française, député de Meurthe-et-Moselle, a reconnu et proclamé ses droits à cette récompense, méritée cent fois, dans plusieurs lettres qui sont, me dit-on, entre les mains de l'ambassadeur de France en Turquie. Le traducteur de Shakespeare a l'intention de recommander son protégé. Mais il tient, ce qui est correct et logique, à ce que la proposition émane de Son Excellence.

Le ministre de l'Instruction publique peut, au besoin, s'enquérir de la situation de notre maître-correspondant chez les Ottomans. Je suis persuadé que l'ambassade et le consulat appuieraient cette candidature qui s'impose.

Combien ont déjà obtenu les palmes académiques, et combien d'autres vont encore les obtenir, qui n'ont pas le bagage littéraire et artistique de notre sociétaire !

Allons, monsieur le comte de Montebello, un bon mouvement ! L'*Association Universelle*, applaudissant des deux mains, vous votera à l'unanimité des remerciements !

EDGAR LA SELVE.

Paris, 1889.

CONCOURS MENSUEL

De la REVUE EXOTIQUE

Tout le monde peut concourir

Désireuse d'aider les jeunes auteurs bien doués à se faire connaître, de tirer de l'obscurité les inconnus qui ont du talent, et de s'assurer, par la même occasion, une collaboration de choix, la direction de la *Revue Exotique* organise, tous les mois, un concours ouvert le 1er et clos le 30. Voici le règlement :

Art. I. — Sont seulement admis les articles d'actualité, les contes ou nouvelles en prose, de 200 lignes, et les poésies, depuis le sonnet jusqu'aux pièces de 100 vers, ***absolument inédits***. Le format et les caractères de la *Revue* sont pris pour types. Point de sujets imposés, du moins jusqu'à nouvel avis.

Art. II. — Les prix consistent en une somme de ***cinquante francs***, allouée à chacun des auteurs des deux morceaux reconnus hors de pair par le Comité de Rédaction.

Art. III. — Le Comité se réserve le droit de modifier les titres des morceaux, s'il le croit nécessaire. L'auteur qui s'y refuserait renoncerait par là au prix. Il en serait de même s'il ne voulait point faire les suppressions, corrections ou changements jugés indispensables. Il ne peut non plus autoriser la reproduction de son œuvre qu'après sa publication dans la *Revue*, en indiquant cette origine. A part cela, il conserve la propriété entière de son travail.

Art. IV. — La Direction a le droit de faire imprimer dans la *Revue*, en totalité ou en partie, chacune des pièces présentées au concours. Un auteur, s'il n'obtient pas de prix, peut seulement demander que son nom ne soit pas publié.

Art. V. — Nul ne pourra plus concourir après avoir obtenu trois prix. Celui qui aura obtenu un prix de prose ou de poésie, pourra réclamer au comité de l'Association Universelle le diplôme de maître-titulaire de l'Académie des Palmiers, titre qui lui donnera, en se conformant aux statuts, les droits et privilèges afférents.

Art. VI. — Les manuscrits, non signés, écrits au verso du papier seulement, et accompagnés d'une lettre d'envoi, renfermant un pli cacheté contenant le nom et l'adresse du concurrent; et, — s'il n'est pas abonné ou sociétaire, — le droit de concours (5 fr. en mandat ou timbres-poste) doivent être adressés franco, avant le 1er de chaque mois, à la Direction de la *Revue Exotique*.

ASSOCIATION UNIVERSELLE

Fondée en 1880, autorisée par arrêté en date du 23 Juin 1888

(ANCIENNE ACADÉMIE DES PALMIERS)

DIGNITAIRES

Hauts Protecteurs :

S. M. Don Pedro, empereur du Brésil.
S. A. la Reine de Roumanie.
S. A. le Bey de Tunis.
Le Président de la République Française.
M. le Ministre de l'Instruction publique.
M. le Ministre des Affaires étrangères.
M. le Ministre de la Marine et des Colonies.
MM. les Sénateurs, Députés et Gouverneurs des possessions françaises.
MM. les Résidents en pays de protectorat.
MM. les Ambassadeurs, Agents diplomatiques et Consuls français et étrangers.

Présidents d'honneur :

M. Deveau-Carlier, du Cateau (Nord).
M. Gréard, de l'Académie Française.
S. Em. le Cardinal Lavigerie, archevêque d'Alger et de Carthage.
M. Leconte de Lisle, de l'Académie Française.
M. Jules Claretie, de l'Académie Française.
M. le général de division Rolland, grand Officier de la Légion d'Honneur.
M. Jules Verne.
M. Julien Viaud (Pierre Loti).

Vice Présidents :

M. Léon Cladel, de la Société des Gens de Lettres.
M. Léon Dierx, poète, lauréat de l'Académie française.
M. Stéphen Liégeard, maître ès-jeux floraux ; lauréat de l'Académie française.
M. Frédéric Mistral, félibre.

ADMINISTRATION

Délégué :

M. Edgar La Selve, de la Société des Gens de Lettres, voyageur en Amérique et en Afrique, officier d'Académie et du Nicham Iftikhar, directeur de la *Revue Exotique Illustrée*.

Caissier archiviste et Secrétaires-adjoints :

M. Jacques des Gachons.
M. Georges Buisson.
M. J. du Courthieu.

Conseillers :

MM. Eug. Delard, homme de lettres ; Charles Rabourdin, publiciste ; Th. Véron, critique d'art ; Louis David, docteur en droit ; Charles Durand, adhérent à la Société des Gens de Lettres ; Edmond Maguier, poète ; Adh. Mazenc, publiciste ; colonel Trumelet, de la Société des Gens de Lettres ; Dr Maillot ; Léon Dierx, poète ; Maxime Audouin, de la Société des Gens de Lettres.

Médecins de l'Association :

M. le docteur Gaudichier, 20, r. N.-Dame-de-Lorette, Paris.
M. Grimaldi, dentiste, 19, rue Jean-Nicot, Paris.

EXTRAITS DES STATUTS

Article premier. — Entre tous les hommes de nation ou de langue française, il est formé une Société d'assistance mutuelle, ayant pour but de les unir par des liens de fraternité.

Cette Société prend le titre d'*Association universelle* et adopte pour devise les paroles du Christ : « Aimez-vous les uns les autres, car vous êtes frères. »

Art. II. — L'Association se propose : 1° de défendre l'inviolabilité de la vie et de la liberté humaines, *ne trucides ; alteri ne feceris quod tibi fieri non vis* ; 2° de remplacer la guerre par l'arbitrage international : *Pax in terris* ; — 3° d'ouvrir le monde à la civilisation : *Aperire terram gentibus* ; — 4° d'étendre l'influence moralisatrice des lettres : *canimus sub tegmine palmæ* ; en d'autres termes, elle travaille à l'expansion de la littérature, encourage les voyages d'études, réclame l'abolition de l'échafaud, la suppression de la traite et de la guerre.

Art. III. — L'Association compte des *maîtres* adhérents, titulaires, correspondants, honoraires, perpétuels, fondateurs, bienfaiteurs. Les *adhérents* sont reçus, avant leur majorité, avec l'assentiment de leurs parents ; les *titulaires* sont publicistes, littérateurs ou voyageurs ; les *correspondants* résident à l'étranger ; les *honoraires* s'intéressent et rendent des services à l'Association : les *perpétuels, fondateurs, bienfaiteurs,* lui viennent en aide par des dons d'argent.

Art. IV. — Les demandes d'admission, à quelque titre que ce soit, doivent être adressées au Conseil d'administration. Si le candidat réunit la majorité des suffrages, il ne lui reste, pour être proclamé maître, qu'à verser :

1° Droit de diplôme, payable à l'avis d'admission. Fr. 2 »

2° Insigne (soleil d'or avec ruban quatricolore : rouge, blanc, noir, jaune) ... 4 »

3° Cotisation annuelle payable en entrant, et, ensuite dans le courant de janvier ... 10 »

4° Abonnement à la Revue ... 12 »
14 fr. (Si le sociétaire réside à l'étranger).

Art. V. — Les maîtres-honoraires, titulaires et correspondants, ont droit à la rosette d'officier apposée sur le ruban de l'insigne (5 fr. au lieu de 4 fr.)........ »

Les bienfaiteurs, fondateurs, maîtres-perpétuels, les membres du Conseil, et par faveur spéciale, les dames-maîtresses, ont droit au cordon de commandeur (6 au lieu de 5)........ »

....

Art. VII. — Les maîtres perpétuels paient une fois pour toutes 100 fr.; (l'abonnement à la *Revue* est en sus) ; les maîtres fondateurs, 200 fr. (l'abonnement en sus) ; les maîtres adhérents, titulaires, correspondants et honoraires paient chaque année en janvier, cotisations et abonnement, 22 fr. en France ; 24 fr. à l'étranger.

Art. VIII. — Tout sociétaire en retard de trois mois, après avoir été mis en demeure de faire ses versements, est rayé des listes.

Art. IX. — Les démissionnaires sont tenus au paiement de la cotisation afférente à l'année courante.

Art. XII. — Le fonds social se compose des cotisations des sociétaires, des dons des bienfaiteurs, des perpétuels ; des recettes des conférences sur les *Voyages d'études* à Paris, en province et à l'étranger, et des collectes faites aux fêtes des Palmiers.

....

De l'Administration

Art. XIV. — L'Association est administrée par un Conseil

nommé en assemblée générale et composé d'un président, d'un vice-président, d'un délégué général, de deux secrétaires-adjoints, d'un caissier-archiviste, tous Français et jouissant de leurs droits civils et politiques.

Concours de l'Académie des Palmiers

Art. XIX. — L'Association universelle met à la disposition de l'Académie des Palmiers, sa Commission littéraire et artistique, une somme d'argent et un certain nombre de médailles, destinées à être données en prix, applicables indifféremment à la *poésie, à la prose, à la musique, à la sculpture, à la peinture*, etc.

Art. XX. — En vertu de cette délégation, l'Académie organise deux concours par an, un tous les six mois, gratuit pour les sociétaires, afin de provoquer une noble émulation entre les littérateurs et les artistes de langue française et pour mettre en lumière les talents qui ne se sont pas fait jour.

Art. XXI. — Le premier, dit *concours simple*, se clôt le 30 avril ; le second, dit le *grand concours annuel*, le 31 décembre, termes de rigueur.

Art. XXII. — Les manuscrits écrits au recto seulement et non signés, devront porter, outre la mention : *Concours simple de* ou *Grand concours de...* une épigraphe reproduite sur un pli cacheté, renfermant les prénoms, nom, qualité et adresse des auteurs.

Art. XXIII. — Les concurrents non sociétaires payent par manuscrit présenté un droit fixe de cinq francs. En retour, ils reçoivent *franco* le numéro de la *Revue Exotique* donnant le compte-rendu du concours. Ils peuvent, en outre, se procurer, au prix réduit de 30 centimes l'exemplaire, comme les sociétaires, le numéro contenant leurs ouvrages, s'ils sont insérés.

Art. XXIV. — L'Académie laisse aux auteurs toute liberté dans le choix des sujets. Ils ont la faculté de présenter plusieurs ouvrages, soit du même genre, soit de genres différents, et, par conséquent, peuvent obtenir plusieurs prix dans un même concours.

Art. XXV. — Après l'adjudication des prix, les lauréats sont convoqués aux *Fêtes des Palmiers*. C'est le nom des séances publiques. Ces solennités, patriotiques et intellectuelles, se célèbrent avec le plus grand éclat en mai pour la fête d'été, et, en janvier, pour la fête d'hiver.

Art. XXVI. — Lecture est donnée des rapports sur les concours et sur la situation générale de l'Association. On proclame les vainqueurs. S'ils sont présents, le président de la séance, les invite à lire, eux-mêmes, leurs ouvrages, et leur remet les récompenses. La fête s'achève au milieu d'une conférence, de déclamations, de morceaux de musique et de chants.

Art. XXVII. — Les lauréats qui ne pourront pas y assister, devront se faire envoyer leurs prix à leurs frais. Ils recevront en même temps une attestation sur diplôme spécial et ne pourront plus concourir dans un même genre de composition s'ils ont obtenu trois prix dans ce genre.

Art. XXVIII. — Tout lauréat qui a obtenu une médaille, a droit au titre de *maître-titulaire*, et tout lauréat d'un grand prix, a droit au titre de *maître-perpétuel*, en se conformant à l'article VII des Statuts.

Art. XXXII. — Le programme des concours et les statuts de la Société sont envoyés, sur demande affranchie, contenant 50 cent. en timbres-poste, prix du numéro-spécimen où ils se trouvent.

Nota. — Adresser *franco*, adhésions et souscriptions pour l'Association ; livres et manuscrits pour les concours ; abonnements pour la *Revue Exotique*, à M. le Délégué.

Nous ne pouvons reproduire en entier le rapport du délégué général, que nous trouvons dans le numéro du 12 mai 1889 de la *Revue Exotique*. Citons du moins les passages où se trouvent exposés l'utile rôle et les généreuses visées de l'Association, — passages qui ont soulevé les applaudissements de l'assemblée générale.

Voici l'exorde de ce remarquable morceau de haute littérature :

Si une institution n'est ni dans les goûts ni dans la tournure d'esprit du plus grand nombre ; si elle n'est pas la résultante naturelle des besoins des générations ou d'une époque, elle ne saurait prospérer, elle n'aurait pas de raison d'être.

Les premières tentatives de la nôtre, on s'en souvient, eurent pour but de vulgariser les pays lointains par les voyages d'études : *aperire terram gentibus*, et de mettre en relief par des concours, d'encourager par des récompenses, les servants des arts, particulièrement ceux d'outre-mer, moins près du soleil de la gloire que ceux qui résident en Europe.

L'*Académie des Palmiers*, grandissant, a dû prendre une dénomination en rapport avec son développement progressif. Elle est devenue l'*Association Universelle*.

Au premier signe du *Grand Cardinal*, l'un de ses Présidents d'honneur, elle est entrée dans la croisade anti-esclavagiste, en vertu du précepte : *Alteri ne feceris quod tibi fieri non vis* ; ne fais pas à autrui ce que tu ne voudrais pas qu'il te fût fait...

Depuis l'entrée de la comtesse de Sellon dans son cénacle, la société poursuit, avec la fille du philantrope genevois, digne continuatrice de l'apostolat paternel, l'abolition de l'horrible machine à couper les têtes, et la suppression de l'odieuse boucherie des champs de bataille : *Ne trucides... Pax in terris....*

Enfin, aujourd'hui que la France offre sa large hospitalité à toutes les puissances du monde, l'Association Universelle composée d'hommes de toutes races, répète à l'égoïsme des peuples : « *Aimez-vous les uns les autres, car vous êtes frères.* »

A cette heure, mesdames, messieurs, il passe sur le front des nations comme un souffle bienfaisant. Il est trop faible encore pour refroidir l'ardeur de leur antagonisme armé jusqu'aux dents, mais n'en doutez pas, c'est le vent de l'aile du Génie protecteur de l'Humanité qui nous effleure et nous caresse...

L'Association Universelle est tellement dans les instincts modernes que, nationales ou étrangères, les autres sociétés la traitent en sœur bien aimée et demandent à échanger leur bulletin contre la *Revue Exotique,* son organe officiel.

Au surplus, les lettrés qui fréquentent l'*Académie des Palmiers*, exacts à revenir, tous les six mois, prendre part à ses concours entraînent avec eux de nouveaux poursuivants, dont le nombre augmente chaque semestre et nous amène de vaillantes recrues.

Un internationalisme bien entendu, c'est-à-dire la mise en pratique de la fraternité universelle, grande par conséquent comme la bonté divine, a rendu notre Aéropage, qui fait songer aux Amphictyonies grecques, un point de ralliement, un centre de réunion, vers lequel convergent l'Asiatique et l'Africain, l'Européen et l'Américain, l'Océanien et les autres insulaires.

Que veut, en effet, l'*Association universelle* ? Eveiller chez tous les francophones, disséminés sur le globe terrestre, l'ambition de contribuer au progrès des connaissances, au rayonnement de la gloire de « Douce France », de « Terre major », comme on appelle la Mère-patrie, dans la Chanson de Rolland.

Elle veut, insistons sur ce point, elle veut provoquer une émulation utile dans ses résultats, donner l'occasion d'agir à toutes les bonnes volontés sans emploi, mettre en lumière les dons ignorés qui peuvent devenir talents.

Et voici la péroraison :

Vous le constatez, Mesdames, Messieurs, l'Association

acquiert un nouveau développement chaque jour : *Vires acquirit eundo.* Dévouée à toutes les idées généreuses, attachée aux principes qui font la grandeur nationale, notre société est faisceau de volontés ayant un même but, — le progrès universel. Elle veut maintenir cet ensemble d'idées-mères, en vertu desquelles, dans le monde social, comme dans le monde physique, tout sera coordonné avec une absolue justice. Elle cherche la route vers le mieux afin de la frayer aux générations futures.

Disséminés sur tous les points du globe, mais unis dans la même pensée, les co-sociétaires font briller, en toutes occasions, les vérités éternelles dont ils sont les apôtres.

Pratiquons surtout la devise du Christ qui enseigne la fraternité. Alors le genre humain, couché sur la poussière de tant de révolutions stériles pour les peuples, tressaillant tout à coup comme Lazare dans son sépulcre, retrouvera une jeunesse éternelle. La *Revue Exotique* aura ouvert un nouvel âge d'or.

En attendant l'heure bénie entre toutes de cette résurrection merveilleuse, vous, poètes, vous prosateurs, pacifiques dompteurs des âmes, livrez-vous à l'inspiration...

Nous serons heureux de mettre vos œuvres en lumière et de couronner vos fronts radieux de laurier, de myrte et d'olivier. Prouvez que la culture des lettres n'est pas une occupation frivole, mais, sous une forme raffinée, l'action même du génie de la civilisation. Il y a longtemps qu'on a dit pour la première fois : « Le divin Orphée, interprète des Dieux, engagea les hommes sauvages à ne pas s'égorger les uns les autres. » Aussi Horace a-t-il imaginé que cet antique civilisateur avait le secret d'apprivoiser les tigres et les lions :

Silvestres homines sacer, interpresque Deorum
Cædibus et victu fœdo deterruit Orpheus.
Dictus ob hoc lenire tigres rabidosque leones.

Fécamp — Imprimeries Réunies L. Durand et Fils

www.ingramcontent.com/pod-product-compliance
Ingram Content Group UK Ltd.
Pitfield, Milton Keynes, MK11 3LW, UK
UKHW020219180726
13838UKWH00005B/2089